Katzenerziehung für Einsteiger

Das Verhalten Ihrer Katze Schritt für Schritt verstehen und eine liebevolle gegenseitige Bindung aufbauen

inkl. Tipps und Tricks rund um das Clickertraining

Katrin Ziegler

❖ INHALT

Das erwartet Sie in diesem Buch

Was tun, wenn die geliebte Fellnase mal wieder das Sofa, die Wand oder auch den Lieblingsschrank zerkratzt, das Futter erneut nicht aufgefressen oder das "Geschäft" überall, nur nicht in der Katzentoilette, verrichtet hat? Ihre Katze schafft es nicht, Ihnen das notwendige Vertrauen entgegenzubringen und kommt nur selten aus Ihrem Versteck heraus? Sie kennen diese kleinen Problemchen mit Ihrer Katze und wissen sich einfach nicht weiterzuhelfen? Genau dafür ist dieses Buch gedacht.

Auf den nachfolgenden Seiten erfahren Sie alles Wissenswerte rund um die Erziehung Ihres Vierbeiners. Sie lernen die Probleme, deren Ursachen und Umgang kennen und verstehen, um diese anschließend lösen zu können. Vielleicht haben Sie für Ihre Katze bisher einfach die falsche Erziehungsmethode angewandt oder Sie haben ihr Verhalten falsch gedeutet. Kein Wunder, denn die Sprache der Katzen ist ohnehin nicht leicht zu verstehen. Das Verhalten, die Mimik, die Gestik und verschiedene Laute, welche Ihre Katze von sich gibt, mit all diesen Aspekten versucht sich Ihre Katze, Ihnen mitzuteilen.

Unabhängig davon, ob Sie Ihre Katze bereits seit Jahren haben und ihr das verkehrte Verhalten leider noch nicht austreiben konnten oder ob Sie sich vor Kurzem erst ein Babykätzchen zugelegt haben. Egal, ob Sie einen oder mehrere Stubentiger haben, diese unterschiedlich alt sind und aus unterschiedlichen Verhältnissen kommen. Auch wenn Sie nur mit dem Gedanken spielen, eine Samtpfote in Ihre Familie aufzunehmen, so ist es wichtig, sich vorher gut mit dem Thema Katzenerziehung auseinanderzusetzen.

Mit diesem Ratgeber werden Sie bestens auf das Ihnen noch unbekannte Zusammenleben mit einer Katze sowie auf den Umgang mit Verhaltensproblemen bei ihrem langzeitigen Begleiter vorbereitet.

Die richtige Umgebung

L öwen, Tiger, Geparden – mittlerweile weiß jeder, von welchen Raubtieren unsere heutige Katze abstammt. Spätestens, wenn Sie eine Katze einmal in freier Wildbahn, beim Jagen oder Herumstreifen beobachten konnten, sehen Sie die Ähnlichkeit zwischen der heutigen Hauskatze und den wilden Raubtieren. Der anmutige Gang, neugierig fremde Umgebungen erkunden, das Jagen von Beute, das alles ist Natur pur.

Unter diesen Umständen stellt sich die Frage, ob Sie ein solch Natur-liebendes Tier bei sich zu Hause überhaupt aufnehmen sollten und können.

Grundsätzlich ist gegen die Adoption einer oder mehrerer Katzen nichts einzuwenden, solange Sie ausreichend auf die unterschiedlichen Bedürfnisse dieses Fellwesens eingehen. Versuchen Sie, Ihre Wohnung so zu schaffen, dass eine Lebensweise, dem Naturell Ihrer Katze entsprechend, möglich ist.

Zuallererst ist zu sagen, dass eine Katze sehr viel Bewegung braucht. Auch wenn sich über die benötigte Quadratmeteranzahl der Wohnung streiten lässt, fällt eine Einzimmerwohnung allenfalls flach. Sofern Sie Ihre Katze tagsüber hinauslassen, ist die Größe und Einrichtung Ihrer Wohnung nicht unbedingt ausschlaggebend für ein glückliches Leben des Vierbeiners. Wird das Kätzchen jedoch nur innerhalb der vier Wände gehalten, braucht es genügend Platz zum Toben, Spielmöglichkeiten und ausreichend Verstecke, um darin Ruhe zu finden und entspannen zu können.

Stellen Sie sich vor, Sie müssten jeden Tag, teilweise 24 Stunden, in ein und demselben Zimmer verbringen, ohne jeglichen Ausgang. Während die

Fütterungszeit das einzige Highlight des Tages ist, werden Sie immer träger, gelangweilter und unter Umständen übergewichtig, da sie durch den wenigen Platz und die unzureichenden Spielzeuge die ständige Nahrungszufuhr nicht richtig verwerten können. Eine Brutstelle für Depressionen. Genau das passiert Ihrem Fellnäschen, wenn es nicht artgerecht gehalten wird.

Neben der Fensterbank, die auf jeden Fall für Ihr Kätzchen und nicht irgendwelche Blumentöpfe reserviert sein sollte, können auch leere Regalplatten, die an den Wänden befestigt werden, einen optimalen Platz zur Entspannung bieten. Warum ausgerechnet Fensterbänke, fragen Sie sich jetzt? Ganz einfach, auf diesen einfachen, schmalen Fensterbänken, können Katzen schön in der strahlenden Sonne liegen und die Aussicht genießen. Vögel, Autos und auch Menschen, die an Ihrer Wohnung vorbeikommen, sind für Katzen wie für uns das Fernsehprogramm. Pure Ablenkung und Unterhaltung und das auch noch von einem von Katzen vergötterten, erhöhten Ausblick.

Um der Katze ein wenig mehr Natur in ihr Territorium zu bringen, können Sie verschiedene

Blumentöpfe oder Kübel mit Gräsern, beispielsweise dem Bambusgras, dem Goldflattergras oder auch dem Strandhafer, in Ihrer Wohnung auf dem Boden platzieren.

Auch in Bezug auf die Dekoration Ihrer Wohnung können Sie einiges für Ihr Fellnäschen tun. Statt Kerzen und Vasen, welche Ihre Katze leicht durch immer mal wieder vorkommende Unachtsamkeit kaputtmachen kann, dekorieren Sie lieber mit ein paar naturbelassenen Steinen, Hölzern und vielleicht etwas Moos. Ebenfalls führen Ton und Pflanzen wie Seegras zu dem gewünschten Wohlfühleffekt Ihres Kätzchens.

Ganz beliebt bei Katzen sind sogenannte Zimmerbrunnen, besonders mit einer Kugel, welche sich im Wasser bewegt. Solche Brunnen, speziell für Katzen, finden Sie in jedem handelsüblichen Geschäft für Tierbedarf. Befüllen Sie die Brunnen mit normalem Leitungswasser, sodass Ihre Katze bei Bedarf daraus trinken kann.

Neben den Naturobjekten und den Pflanzen lieben Katzen, selbst wenn sie bisher kaum Zeit an der frischen Luft verbracht haben, auch Geräusche, die draußen in der Natur zu hören sind. Im Internet sind auf verschiedenen Seiten CDs zu finden, welche genau solche Geräusche abspielen. Gerade, wenn Sie den ganzen Tag unterwegs sind, können Sie Ihrer Katze diese leise als Hintergrundgeräusch laufen lassen.

Selbstverständlich sollte auch für genügend Kratz-Möglichkeiten, die zum Beispiel mit einem Katzenkratzbaum geschaffen werden, gesorgt sein, bevor sich der kleine Tiger an den Wänden und Schränken zu schaffen macht. Abgesehen davon, dass an den Kratz-Flächen die Krallen gewetzt werden können, bieten viele solcher Kratzbäume auch einen ruhigen Unterschlupf, getarnt als Katzenhöhle, welchen die Kätzchen sehr zu schätzen wissen, da sie dort komplett für sich sein können.

Die richtige Ernährung macht's

Um Ihrem Vierbeiner ein langes und gesundes Leben zu verschaffen, ist die richtige Ernährung unabdingbar. Auch wenn Katzen, was ihr geliebtes Futter angeht, sehr wählerisch sein können, sollte man sie dennoch, so gut wie möglich, in die richtige Richtung lenken.

Manche der Fellnasen haben sehr ungewöhnliche Vorlieben. So mögen einige beispielsweise gekochte Nudeln oder Bananen. Wenn Ihre Katze einen solchen Lieblingssnack hat, stellt es kein Problem dar, ihr hin und wieder eine Nudel neben ihren Fressnapf zu legen. Wichtig ist nur, dass solche Dinge von Ihrer Katze nicht als Grundnahrungsmittel angesehen werden. So macht es, wie bei vielen Sachen, die Häufigkeit und die Menge.

Aber auch hier ist zu beachten: Selbst wenn Ihre Katze etwas gern fressen würde, bestimmte Lebensmittel vertragen die Fellwesen nicht oder können unter Umständen lebensgefährlich sein. Nachstehend finden Sie eine Liste solcher Lebensmittel.

- Schnittlauch
- Knoblauch
- Milchprodukte in zu hohen Mengen (Laktose)
- Weintrauben
- Rosinen
- Schokolade
- Kaffee
- Tee
- Avocados
- Alkohol
- Salz
- Bohnen
- Erbsen
- Linsen

- rohe Kartoffeln
- rohes Schweinefleisch
- geräucherte Lebensmittel
- roher Fisch (Salmonellengefahr)
- rohes Geflügel (Salmonellengefahr)
- Knochen
- Kohl
- Hefeteig
- Steinobst (z. B. Pfirsich, Aprikosen, Pflaumen)
- Zitrusfrüchte
- Birkenzucker
- Xylitol (Süßstoff in Schokolade oder Backwaren)

Doch wenn es so viele gewöhnliche Lebensmittel gibt, die Katzen nicht zu sich nehmen sollten beziehungsweise dürfen, womit füttert man sie dann?

Katzen sind, auch aufgrund ihrer Abstammung, Fleischfresser. Auch, wenn es derzeit viele Besitzer gibt, die aufgrund der Liebe zu Natur und Umwelt ihre Katze vegetarisch oder gar vegan ernähren, ist davon dringend abzuraten. Eine solche Ernährung kann auf Dauer zu Mangelerscheinungen und Unterernährung führen, da der Katze dann wichtige

Inhaltsstoffe fehlen, welche sie zur gesunden Entwicklung benötigt.

Sofern Sie Ihre Katze mit Fertigfutter aus dem Supermarkt füttern, welches Fleisch enthält, so ist festzuhalten, dass selbst ein Test der Stiftung Warentest ergab, dass in dem Futter teilweise namhafter Hersteller für Katzennahrung nicht nur gute Inhaltsstoffe verarbeitet wurden und so auf Dauer der Gesundheit Ihres Tieres Schaden können.

Sie merken also, dass es umso wichtiger ist, früh festzustellen, mit welchem Futter Sie Ihrer Katze etwas Gutes tun.

Bevor Sie eine Packung Katzennahrung in den Einkaufswagen legen, studieren Sie die Inhaltsstoffe genau. Nur so können Sie für sich und Ihre Katze entscheiden, auf welche Katzennahrung in Zukunft zurückgegriffen wird.

Optimalerweise enthält fertiges Nassfutter aus der Dose alle Nährstoffe, welche eine Katze benötigt, sodass Sie keine Nahrungsergänzungsmittel zusätzlich kaufen müssen. Das Nassfutter besteht dann zu einem großen Teil aus Wasser und sollte folgende Inhaltsstoffe beinhalten:

- 35 Prozent Eiweiß
- 10 bis 15 Prozent Fett
- Mineralien
- Vitamine
- Ballaststoffe
- Kalzium
- Phosphor.

Zum Thema Kalzium und Phosphor ist jedoch festzuhalten, dass hiervon nicht allzu viel verarbeitet sein darf. In der richtigen Menge sind diese beiden Stoffe für einen gesunden Knochenbau unverzichtbar, können jedoch in zu großen Mengen zu bedrohlichen Nierenschäden führen.

Womit Sie, solange Sie auf Suche nach dem richtigen Fertigfutter und auch in Zukunft, nichts falsch machen, ist allenfalls frisches, gekochtes Fleisch, wie zum Beispiel Putenbrust oder gekochter, gräten-freier Fisch. Ebenfalls eignen sich Lammfleisch, Rinderhackfleisch sowie Hühnerherzen. Das frische Fleisch oder der Fisch kann dann mit Reis, Hafer- und Getreideflocken, Kartoffelbrei sowie mit frischem Gemüse, wie beispielsweise Karotten oder Spinat, verarbeitet und vermengt werden. Um Ihrer Katze zusätzlich eine richtige Vitaminbombe zu verabreichen, können Sie ihr auf die fertige Portion ein wenig von Mineralstoff-Vitamin-Mischungen darauf streuen. Diese bekommen Sie online oder in jeder gut ausgestatteten Zoohandlung.

Katzen und ihre Persönlichkeiten

Nachdem Sie nun abschätzen konnten, ob Sie bei der Schaffung des Territoriums Ihrer Katze alles Wichtige beachtet haben und auch bei der täglichen Fütterung die zuvor genannten Aspekte berücksichtigen, können Probleme, die bisher durch diese zwei Dinge entstanden sind, behoben werden. Nun ist es wichtig, zu erkennen, auf welche Persönlichkeit Ihre Katze schließen lässt und wie Sie am besten damit umgehen.

Die einen bezeichnen sie als liebevolle, schnurrende Wollknäule, die anderen als kratzende und zickige Biester. Was man jedoch auf jeden Fall sagen kann, ist, dass Katzen sehr sensible und tiefgründige Tiere sind.

Viele Verhaltensweisen von Katzen sind auf ihre Erziehung zurückzuführen, weswegen diese so wichtig ist.

Unabhängig von der Rasse wird davon ausgegangen, dass die ersten 8 Wochen im Leben einer Katze diese prägen und das Fundament für ihre Persönlichkeit legen. Dennoch gilt zu unterscheiden, dass es Katzen gibt, die von Grund auf ein wenig aufgeweckter und verspielter sind, während andere lieber den ganzen Tag faulenzen und schlafen. Einige haben einen ausgeprägteren Jagdtrieb als ihre pelzigen Artgenossen und leben diesen mehr aus, sind dadurch jedoch nicht automatisch unerzogen oder ungezähmt.

Bevor Sie sich dazu entscheiden, wild mit der Katze zu schimpfen, sollten Sie sich erst einmal darüber bewusst werden, mit was für einer Katze Sie zusammenleben.

Sie müssen also herausfinden, welche Charakterzüge Ihre Katze aufweist und auf welche "Katzen-Persönlichkeit" diese schließen lassen.

Hierbei werden meist fünf Persönlichkeiten unterschieden:

- Die schlauen, interessierten und aktiven
- Die ängstlichen, skeptischen und zurückhaltenden
- Die impulsiven, unberechenbaren und furchtlosen
- Die wilden und dominanten, speziell anderen Katzen gegenüber
- Die sanften, aufgeschlossenen und verschmusten.

Ohnehin ist zu sagen, dass jede Katze, unabhängig von ihrem Charakter, Alter oder Herkunft, richtig erzogen werden kann. Auch wenn Ihre Katze vielleicht sehr ängstlich und skeptisch, selbst Ihnen gegenüber, ist, können Sie ihr verschiedene Dinge beibringen oder abgewöhnen. Möglicherweise ist es dann zwar etwas aufwendiger und langwieriger, dennoch ist dies mit ein wenig mehr Ausdauer möglich.

Verhaltensweisen von Katzen

N achdem Sie sich einen Überblick über verschiedene "Katzenpersönlichkeiten" verschaffen konnten, lernen Sie nun verschiedene Verhaltensweisen von Katzen kennen.

Von Katzen wird oft behauptet, sie seien stille Alleingänger, dabei können sie das Leben mit uns durchaus mögen. Sie benötigen uns zwar nicht als Alphatier, dennoch wissen sie unsere Liebe und Zuneigung zu schätzen – wenn wir diese richtig zeigen.

Wissenschaftler haben herausgefunden, dass Katzen ihre Besitzer eher als Elternteile, als

Anführer oder Kumpanen ansehen. Dies ist unter anderem auf das stetig beibehaltene Jungtierverhalten, welches sehr in Bezug auf Menschen deutlich wird, zurückzuführen.

Dementsprechend basiert eine gute Beziehung zwischen dem Menschen und der Katze auf einem ähnlichen Verhalten wie das der Mutter gegenüber ihrem Kind. Katzen werden von Menschen gefüttert, gesäubert und – so sollte es im besten Fall sein – mit Liebe überschüttet. Ist die Katze krank, wird mit ihr zum Tierarzt gegangen. Benimmt sie sich anders als sonst, wird den Ursachen nachgegangen, um ein eventuell aufgetretenes Unwohlsein zu bereinigen. Also fast wie bei einer Mutter und ihrem Kind.

Um ein Wohlbefinden für Katze und Mensch herbeizuführen, ist es von großem Vorteil, wenn Sie versuchen, die Welt aus den Augen des Vierbeiners zu sehen.

Was versucht Ihnen Ihre Katze mit welcher Verhaltensweise zu sagen?

Genau deshalb sollten Sie die Sprache der Katzen erlernen.

WARUM MIAUEN KATZEN?

Das Miauen der Katze deutet oft auf ein Verlangen hin. So miauen Sie beispielsweise, wenn sie Hunger haben, gestreichelt werden wollen oder gar einfach Ihre Aufmerksamkeit möchten. Ferner kann das Miauen auch nur als Begrüßung dienen, wenn Sie nach einem langen Arbeitstag wieder nach Hause kommen.

Auch hier ist es aber von Katze zu Katze unterschiedlich. Während die einen Katzen nach der "Begrüßung" wieder ihrer Routine nachgehen, erzählen andere erst einmal, was sie die letzten Stunden erlebt haben. Wie auch bei Menschen gibt es welche, die der gesprächigeren Gattung angehören oder der weniger gesprächigen.

WARUM SCHNURREN KATZEN?

Warum Katzen schnurren, hängt von der Situation ab. Wird Ihre Katze gerade von Ihnen gestreichelt und gekrault, so genießt sie die Zweisamkeit und bringt diese Freunde mit Schnurren zum Ausdruck.

Ein Schnurren kann jedoch auch auf Angst oder Schmerzen hindeuten.

Wenn eine Katze ihre Jungtiere stillt, schnurrt sie, um diesen mehr Sicherheit zu geben.

Hier gilt es, die Situation, in der sich die Katze befindet, genau zu beobachten, um ihr Schnurren richtig deutet zu können.

WARUM KNURREN KATZEN?

Im Gegensatz zu dem Schnurren hört sich das Knurren ein wenig schärfer an. Hier gilt Vorsicht! Passt der Katze etwas nicht, und hier können die Auslöser völlig verschieden sein, werden Sie mit dem Knurren gewarnt, bevor sie angreift. So können Sie Ihren Stubentiger beispielsweise verärgern, indem Sie ihr etwas wegnehmen möchten, mit dem unerlaubterweise gespielt wird. In diesem Zusammenhang kann dann auch mal der ruhigsten Katze ein Knurren entweichen.

WARUM FAUCHEN KATZEN?

Wenn eine Katze sich bedroht und beengt fühlt, fängt sie an zu fauchen. Sie versucht somit, dem Gegenüber klarzumachen, dass sie in Ruhe gelassen werden will und der Situation eigentlich entfliehen möchte.

WARUM SCHNATTERN KATZEN?

Schnattern? Ja, Katzen können wie Enten schnattern. Dies tun sie, wenn sie beispielsweise eine Beute in Form eines Vogels oder einer Maus sehen, aber nicht erreichen können, weil sie hinter einem Fenster sitzen.

WARUM JAULEN KATZEN?

Das Jaulen oder Heulen von Katzen ist ähnlich wie das Schnurren sehr situationsabhängig. So kann das Jaulen in der freien Natur auf einen Revierkampf hindeuten. Wenn Ihr Vierbeiner oft in Ihrer Nähe jault, könnte es sein, dass sie Schmerzen hat oder krank ist. Manchmal wird aber auch nur aus Langeweile oder Unterforderung gejault.

WARUM HECHELN KATZEN?

Wie auch bei Hunden ist das Hecheln bei Katzen, aufgrund der Tatsache, dass diese kleinen Tiger lediglich an den Pfoten Schwitzen, wichtig für die Thermoregulierung, also der Regulierung der konstanten Körpertemperatur. Aus diesem Grund können Sie das Hecheln bei Ihrer Katze meist bei hohen Temperaturen beobachten.

Ebenfalls kann dem Hecheln eine völlige Verausgabung beim Spielen, Stress, beispielsweise während des verhassten Tierarztbesuchs, oder Aufregung zugrunde liegen.

Sollte Ihre Katze ohne einen erkennbaren Grund hecheln, sollten Sie diese besser einem Tierarzt vorstellen.

Mimik und Gestik von Katzen

Nicht nur die Laute Ihres Vierbeiners können auf Stimmung oder Vorhaben hinweisen, auch die Gestik und Mimik leisten beim richtigen Deuten der Situation einen großen Beitrag. Dennoch gilt vorab: Ausnahmen bestätigen die Regel. Es kann auch vorkommen, dass Sie trotz einer Menge Erfahrung das Verhalten, die Laute oder auch die komplette Situation falsch auffassen. Katzen sind Lebewesen, keine Maschinen, und auch Katzen können Stimmungsschwankungen haben. Machen Sie also weder sich selbst noch Ihrer Katze

Vorwürfe, wenn eine kritische Situation nicht nach Plan verläuft und die Reaktion Ihrer Katze nicht zu deren Stimmung passt.

Nachstehend erfahren Sie ein paar Anlehnungsmöglichkeiten, um Ihnen das Deuten der Gestik und Mimik Ihrer Katze ein wenig zu erleichtern:

WANN IST IHRE KATZE ENTSPANNT?

Auf eine gewisse Entspanntheit deutet zum einen ein baumelnder Schwanz sowie gleichzeitig aufgestellte Ohren hin.

WANN HAT IHRE KATZE ANGST?

Ein ängstliches Verhalten erkennt man meist an einem aufgestellten Schwanz in der Verbindung mit dem bekannten Katzenbuckel. Auch ein Schwanz, der so weit nach unten hängt, dass er zwischen den Beinen verschwindet, oder angelegte Ohren lassen auf eine ängstliche Katze schließen.

WANN MACHT SICH IHRE KATZE KAMPFBEREIT?

Oftmals bewegen sich Katzen, welche sich gerade kampfbereit machen sehr langsam. Sie richtet sich auf, während ihre Pupillen schlitzförmig werden. Ein langsam wedelnder Schwanz lässt dann den bevorstehenden Angriff der Katze erwarten.

WANN MÖCHTE IHRE KATZE SPIELEN?

Große Pupillen, angelegte Ohren und Barthaare bedeuten, dass das Fellwesen spielen möchte. Klassisch dazu wird oft noch kräftig mit dem Schwanz gewedelt.

Katzen die Angst nehmen

DIE GRÜNDE FÜR EIN ÄNGSTLICHES VERHALTEN HERAUSFINDEN

Um einer scheuen Katze die Angst zu nehmen, sollten Sie zuallererst die Gründe für ihr scheues und ängstliches Verhalten herausfinden.

Sobald eine Katze in ein neues Zuhause, ein neues Umfeld mit neuen Lebewesen und Menschen, kommt, ist eine gewisse Scheu und anfängliche Angst vollkommen normal. In der Regel sollte sich das jedoch nach ein paar Wochen oder Monaten legen. Allerdings gibt es Katzen, die von Natur aus einfach ein wenig zurückhaltender sind und bei denen sich dieses Verhalten niemals komplett legen wird. Bei solchen Fellnasen ist es dann die Aufgabe des Besitzers, den Charakterzug zu akzeptieren und das Kätzchen nicht zu irgendetwas zu zwingen, was es nicht möchte. Wenn Sie also beispielsweise Besuch erhalten und Ihre Katze nicht von allein herauskommen möchte, da sie zu ängstlich ist, sollten Sie auf gar keinen Fall den Kontakt der Personen mit dem Tier erzwingen, denn ein solches Durchgreifen mindert das Vertrauen Ihrer Katze Ihnen gegenüber und fördert die Angst des Tieres nur umso mehr. Respektieren Sie Ihre Katze und lassen Sie dieser die Entscheidungsfreiheit, wann sie sich wem nähern möchte.

MÖGLICHE ANGSTAUSLÖSER BEI KATZEN

Fremde und laute Geräusche
Aufgrund der Tatsache, dass das Gehör von Katzen dreimal besser ist als das menschliche Gehör, nehmen diese verschiedene Geräusche um einiges intensiver wahr als unsere Spezies. Fremde und laute

Geräusche, wie das von einem Haartrockner, einem Staubsauger, von Feuerwerken oder gar einer Waschmaschine, die nicht durchgängig ertönen und welche Ihre Katze unter Umständen noch nie oder sehr selten gehört hat, können sie erschrecken. Bei manchen Vierbeinern kann es hier Wochen oder Monate, wenn nicht sogar Jahre dauern, bis sie sich an diese Geräusche gewöhnen. Einige Katzen gewöhnen sich sogar ein Leben lang nicht daran und ergreifen, sobald ein solcher Lärm ertönt, die Flucht, kommen aber wieder zum Vorschein, wenn das Waschmaschinenprogramm endet oder Sie den Staubsauger nicht länger verwenden müssen.

Besuch von fremden Menschen und Tieren

Grundsätzlich sind viele Katzen fremden Menschen und Tieren gegenüber erst einmal sehr misstrauisch. Ein solches Verhalten ist völlig normal. Geben Sie Ihrer Katze Zeit, sich an die Unbekannten zu gewöhnen, diese wird sie unter Umständen brauchen, denn schließlich ist ein unbekannter Besuch für Ihre Katze wie ein Eindringling in ihrem Territorium. Geben Sie Ihrem Besuch deutlich zu verstehen, dass er Ihre Katze nicht bedrängen darf, denn sonst wird eine zu Beginn vielleicht leichte Angst begünstigt und erschwert der Katze die Gewöhnung an diesen und weiteren Besuch.

Die Katzentransportboxen

Schon allein der Anblick einer Transportbox bringt Katzen dazu, das Weite zu suchen. Niemand, auch Ihre Katze nicht, fühlt sich eingesperrt in einer kleinen und dunklen Box wohl.

Auch wenn Katzen sich sonst ganz gern in dunkle Ecken verkriechen, sind die Transportboxen für sie das genaue Gegenteil von sicheren Rückzugsorten, da sie in genau solchen Boxen herumgetragen werden. Sei es zwecks eines Umzugs oder eines Tierarztbesuchs. Oft findet dann auch eine Autofahrt statt, was in einer Katze nun wirklich keine schönen Erinnerungen weckt, sondern sie eher in starken Stress versetzt.

Die Tierarztpraxis

Nachdem das laute Geräusch des Motors Ihres fahrenden Autos oder das ständige Ruckeln an der Transportbox, verursacht durch Ihre Schritte, endlich aufgehört hat und die Transportbox zum Stehen gekommen ist, findet sich Ihre Katze nicht selten in der von ihr oft am meist gefürchteten Umgebung wieder: in der Tierarztpraxis.

Die fremden Geräusche wie Bellen oder Hecheln von Hunden und die ungewohnten Gerüche bringen die Fellnase dazu, sich so weit nach hinten wie nur möglich in die Box zu verkriechen. Doch egal, wie sehr sich die Katze wehrt, am Ende wird sie von dem Tierarzt oder einer Helferin aus der Transportbox herausgenommen, festgehalten und behandelt. Dass Ihrer Katze so ein Erlebnis nicht positiv im Gedächtnis bleibt, ist verständlich.

Die Veränderung des gewohnten Umfeldes

Selbst eine geringe Veränderung des geliebten Territoriums Ihrer Fellnase kann oft zu einem Unwohlsein oder gar Angst bei dieser führen. Das Verrücken und hinzustellen von Möbelstücken führt nicht selten dazu, dass eine Katze streikt. Je stärker die Veränderung, auch bedingt durch Umzüge, desto mehr Stress entsteht dem Kätzchen. Neben einem Futterstreik kann solch ein Wechsel auch oft Verdauungsprobleme und Durchfall mit sich bringen.

Schlechte Erfahrungen im Umgang mit Menschen

Wenn Sie Ihre Katze jedoch aus sehr schlechten Verhältnissen gerettet haben und die Fellnase im Umgang mit Menschen keine guten Erfahrungen gesammelt hat, kann es gut sein, dass es dieser sehr schwerfällt, Ihnen oder anderen Menschen erneutes Vertrauen entgegenzubringen.

Unter solchen Umständen kann es Monate, wenn nicht sogar Jahre dauern, bis das Kätzchen wieder erste Annäherungsversuche gegenüber Menschen tätigt. Falls Sie sich dazu entscheiden möchten, eine solche Katze zu adoptieren oder dies bereits getan haben, müssen Sie sich dessen bewusst sein, dass es sich bei dem Nehmen von Angst, speziell bei einer solchen Ausgangssituation, um einen sehr langwierigen Prozess handelt. Geduld und Ausdauer sowie auch ein äußerst ruhiges und gelassenes Verhalten Ihrerseits sind hier das A und O.

Freigänger sind keine Schmuse-Tiger

Sollten Sie draußen vor Ihrer Wohnung oder gar im Urlaub eine Katze gesehen haben, die Sie gern mit nach Hause nehmen möchten, ist es hier nur empfehlenswert, die Finger davonzulassen.

Viele Katzen, die in freier Natur herumspringen, haben bereits einen Besitzer und brauchen aufgrund dessen nicht eingefangen zu werden. Selbst wenn eine Katze kein festes Zuhause hat und draußen herumstreunt, sollte sie nicht einfach so mitgenommen werden. Solche Tiere sind es gewohnt, sich nicht an feste Regeln zu halten, genießen ihre Freiheit und könnten niemals richtig in "Gefangenschaft", denn das ist es in diesem Fall für sie das Leben.

Auch wenn das Kätzchen auf Sie einen sehr zutraulichen Eindruck macht, dürfen Sie sich hiervon nicht ablenken lassen. Es gibt Unmengen an Tieren, speziell Katzen, die schon jahrelang im Tierheim darauf warten, ein schönes und gemütliches, aber vor allem liebevolles Zuhause zu erhalten. Bevor Sie also noch einen wilden Räuber oder gar die Nachbarkatze einsacken, greifen Sie lieber auf Tiere aus dem Tierheim zurück.

EINGEWÖHNUNG UND UMGANG MIT SCHEUEN KÄTZCHEN

Sollten Sie eine scheue Katze haben, aufgrund welcher Umstände auch immer, müssen Sie ein paar Kleinigkeiten beachten.

Neben viel Geduld benötigen Sie auch einige Verstecke, in denen sich Ihre Katze aufhalten kann, ohne sich gefährdet zu fühlen. Sorgen Sie also dafür, dass Ihre Wohnung genügend Rückzugsorte bietet, wie zum Beispiel Katzenhäuschen, dunklere und ruhige Ecken oder kleine "Höhlen". Auch höhere Schränke oder Regale, auf welchen Ihr Stubentiger Platz findet, geben diesem ein Gefühl von Sicherheit, da das Kätzchen von dort aus alles und jeden im Blick hat, ohne sofort greifbar zu sein. Futternäpfe und die Katzentoilette sollten relativ nah ein einem dieser Verstecke platziert werden, um das sichere Territorium ein wenig zu vergrößern. Bei dem geringen Abstand zwischen diesen wichtigen Gegenständen und dem Versteck fällt es der Katze leichter, diese trotz ihrer Angst zu benutzen.

Sobald Sie gemütlich im Bett liegen und schlafen, kann es dann vorkommen, dass Sie von einem Poltern oder anderen Geräuschen geweckt werden, denn allein durch die Aufstellung der Gegenstände und die nächtliche Ruhe bekommt Ihre Katze das Gefühl, unbeobachtet und sicher zu sein. Gerade dann geht sie gern auf Entdeckungstour, um ihr neues Umfeld zu erkunden. Unter anderem werden hierbei Spielzeuge ausprobiert und gern getestet, wie weit die dekorative Kerze an den Rand des Regals geschoben werden kann, bevor sie auf den Boden fällt. Auch wenn Sie am nächsten Tag früh aufstehen müssen und eigentlich in Ruhe weiterschlafen möchten, sollten Sie genau dann nicht mit dem Kätzchen schimpfen, da dieses dann nur weiter eingeschüchtert wird. Kneifen Sie für ein paar Nächte beide Augen zusammen und geben Sie Ihrer Katze die Möglichkeit, sich ein wenig umzusehen und sich an ihren neuen Lebensraum zu gewöhnen.

Traut sich Ihre Katze bereits am Tag, wenn auch unregelmäßig, trotz Ihrer Anwesenheit, aus ihrem Zufluchtsort heraus, ist der erste Schritt in die richtige Richtung gemacht. Auch wenn sie zu Beginn bei ruckartigen Bewegungen oder zu lauten Geräuschen Ihrerseits die Flucht ergreift, benötigt sie hier nur ebenfalls ein wenig Zeit, um sich an diese zu gewöhnen.

Sofern Ihre Katze Sie bereits anschaut, gehen Sie am besten in die Hocke oder setzen sich gar auf den Boden, um den Höhenunterschied ein wenig anzugleichen. So fühlt sich das kleine Tier nicht mehr so stark unterlegen.

Um die Teilnahme des neuen Mitbewohners an Ihrem Alltag ein wenig schneller in die Wege zu leiten, können Sie sich beispielsweise leise neben den Rückzugsort, mit genügend Abstand, setzen und anfangen, etwas vorzulesen. So gewöhnt sich Ihre Katze an Ihre Stimme und bemerkt, dass ihr trotz der gewissen Nähe zu Ihnen nichts passiert und sie sich nicht in Gefahr befindet. Auch das Einschalten von Fernseher oder Musik auf niedriger Lautstärke trägt dazu bei, dass sich das Fellwesen schneller an Menschen gewöhnt.

Ebenfalls können kleinere Spielangebote, wie zum Beispiel das Locken mit der Katzen-Angel, dazu führen, dass das Fellnäschen früher aus seinem sicheren Haus herauskommt. Bei der Katzen-Angel kann sie ihrem Jagdtrieb spielerisch nachgehen, ohne direkten Kontakt mit einem Menschen haben zu müssen.

Sollten alle Stricke reißen, können Sie auch auf sogenannte Katzenpheromone zurückgreifen. Diese können Sie bei jedem gut ausgestatteten Tierarzt besorgen. Katzenpheromone, wie beispielsweise das synthetisch hergestellte Gesichtspheromon, ist ein richtiges Glückspheromon. Dieses entsteht in der Natur, wenn eine Katze mit ihrem Kopf die Umgebung streift. Es vermittelt Sicherheit und Wohlbefinden, womit einer scheuen Katze dabei geholfen werden kann, sich an ein unbekanntes und neues Territorium zu gewöhnen.

Sofern Sie Ihren Stubentiger jedoch kaum bis gar nicht mehr schnurren hören, er nicht mehr wirklich spielt, sondern sich immer mehr zurückzieht, seine Fellpflege vernachlässigt, nicht mehr frisst und auch nicht mehr die Katzentoilette benutzt, liegt der Verdacht einer Krankheit oder chronischen Angststörung nahe. Trotz dessen, dass Sie unter Umständen bereits viel Erfahrung im Umgang mit Katzen sammeln konnten, können Sie hier ohne professionelle Hilfe so gut wie nichts ausrichten. Ziehen Sie daher am besten einen Tierarzt zurate, der das Kätzchen genauer untersucht. Wenn keine Krankheit, sondern tatsächlich eine chronische Angststörung vorliegen sollte, können Sie in einem solchen Fall auf Tierpsychologen zurückgreifen, welche sich auf die Behandlung von Angststörungen bei Katzen spezialisiert haben. Mithilfe einer Therapie wird versucht, das Vertrauen zwischen Ihnen und Ihrer Katze aufzubauen beziehungsweise zu stärken. Ziel ist es hier, dass Ihrer Katze bewusst wird, dass sie sich in kritischen und bedrohlichen Situationen auf Sie verlassen kann. Ist dies geschafft, wird, während das Vertrauen immer mehr zunehmen wird, die Angst nach und nach weniger.

Wie gewinnen Sie Vertrauen?

Sollten Sie das Gefühl haben, dass Ihre Katze Ihnen noch nicht richtig vertraut, sollten Sie zuerst daran arbeiten, bevor Sie damit beginnen, Ihrer Fellnase Tricks beizubringen oder nervige Angewohnheiten abzutrainieren. Allem voran geht nämlich ein sehr gutes Verhältnis zwischen Haustier und Besitzer.

Für ein gutes Verhältnis zwischen Tier und Mensch sorgen Regeln. Wenn Sie sich an diese Regeln halten, sollte einem liebevollen Miteinander nichts im Wege stehen.

KATZEN SIND VERNARRT IN SAUBERKEIT

Falls Sie bereits eine Katze haben, konnten Sie deren ausgiebige Fell- und Körperpflege mit Sicherheit schon unzählige Male beobachten. Katzen gelten als sehr reinliche Tiere, die die Sauberkeit lieben. In Bezug auf ihr Umfeld und auf sie selbst.

Mit der regelmäßigen Fell- und Körperpflege gibt sich ihre Katze zwar schon sehr viel Mühe, ihren eigenen Hygienestandards gerecht zu werden, jedoch ist sie in Menschenhaltung auch auf Ihre Hilfe angewiesen. Für Ihre Katze ist es von großer Bedeutung, dass Sie regelmäßig ihre Katzentoilette, Futter- und Trinknäpfe, sowie Schlafplätze säubern.

Generell fühlt sich Ihre Fellnase am wohlsten, wenn sich Ihre Wohnung oder Ihr Haus in einem aufgeräumten und sauberen Zustand befindet, denn wenn es etwas gibt, was Katzen ganz und gar nicht mögen, dann ist es Unordnung. Vermeiden Sie also Kleidung auf dem Boden, Kisten oder Folien, die wirr herumliegen oder gar überflüssiges Verschieben von Möbelstücken. Katzen schätzen es sehr, wenn ihr jahre- oder monatelang gewohntes Umfeld so bleibt, wie es ist.

KATZEN BRAUCHEN IHREN FREIRAUM

So wie es in einer menschlichen Beziehung wichtig ist, dem Partner Freiraum zu lassen, ist es auch bei der Beziehung zwischen Menschen und Katze wichtig, dem Vierbeiner seine gewissen Freiräume zu lassen.

Auch wenn es Ihnen vielleicht manchmal schwerfällt, Ihre Fellnase nicht einfach zu packen und an sich zu drücken, wenn sie gerade mal wieder etwas sehr Niedliches getan hat, so sollten Sie ihr dennoch ihre Ruhe lassen, wenn sie Ihnen deutlich macht, dass gerade kein Interesse an Kuscheln besteht. Diese "Abfuhren", welche Sie hin und wieder von Ihrer Katze erhalten, bedeuten keinesfalls Abneigung, sondern lediglich, dass sie gerade nicht in Stimmung ist. Möglicherweise möchte sie schlafen oder hat gerade einfach andere Pläne. Achten Sie deshalb genau darauf, welche Signale von Ihrer Katze ausgehen, denn mit dem Erzwingen von etwas, speziell das Aufdrücken von Körpernähe, erreicht man meist genau das Gegenteil.

KATZEN MÖGEN KUSCHEL- UND STREICHELEINHEITEN

Auch wenn Katzen, wie zuvor erwähnt, ihren Freiraum brauchen, wissen sie regelmäßige Kuschel- und Streicheleinheiten sehr zu schätzen. Wenn Ihre Katze Ihnen zeigt, dass sie bereit ist, Ihre Liebe in Form von kuscheln und streicheln zu empfangen, können Sie Ihr diese auch entgegenbringen.

Hierbei produziert der Körper Ihrer Katze nicht nur bei dieser Glückshormone, sondern auch ihrer bei Ihnen. Neben dem gewöhnlichen Kuscheln und Streicheln gibt es auch richtige Katzenmassageanleitungen, die Sie bei Ihrer Katze unbedingt ausprobieren sollten. Ihr Vierbeiner wird sich über diese Art der Aufmerksamkeit mit Sicherheit sehr freuen.

KATZEN BRAUCHEN RÜCKZUGSORTE

Wenn Ihre Katze die Kuschelsession beendet hat und langsam wieder ein wenig Ruhe braucht, benötigt sie ihren Rückzugsort. Dieser kann zum Beispiel eine kleine Höhle am Kratzbaum oder auch ein einfacher Karton sein.

Wichtig ist, dass sie dort Ihrer Katze auch wirklich ihre Ruhe lassen. Ziehen Sie Ihr Kätzchen nicht einfach heraus. Wenn sie sich zurückzieht und schlafen oder einfach nur ruhen möchte, erlauben Sie ihr dies. Ein Rückzugsort, an dem das Fellnäschen nicht gestört wird, trägt ebenfalls positiv zur Bindung zwischen Menschen und Tier bei. Ihre Katze weiß dann, dass sie darauf vertrauen kann, dort von Ihnen in Ruhe gelassen zu werden und entspannen kann.

KATZEN BENÖTIGEN KLEINE RITUALE

Wie wir Menschen sind Katzen auch Gewohnheitstiere. Sie gewöhnen sich sehr schnell an kleine Rituale. Wenn Sie also zu Anfangszeiten Ihre Katze immer morgens vor Arbeitsbeginn gefüttert haben, wird sie sich auch in Ihrem Urlaub gegen diese Uhrzeit bemerkbar machen. Wenn Ihre Katze vor dem Schlafengehen immer von Ihnen gestreichelt wurde, sollten Sie dies auch in Zukunft berücksichtigen, denn es kann gut sein, dass sie darauf bestehen wird.

Viele dieser Rituale wird Ihre Katze gar nicht erlernen müssen, denn manchen Sachen wird sie intuitiv folgen, um sich ihren eigenen Alltag zu schaffen, in dem sie sich wohlfühlt.

Mit dem Einhalten solcher kleinen Rituale bringen Sie Ordnung in den Alltag Ihrer Samtpfote.

Auch wenn Ihre Katze es mit diesen Ritualen nicht ganz so genau nimmt und vielleicht nur die Fütterungszeit berücksichtigt, ist dies kein Grund zur Sorge. Jede Katze ist individuell. Lassen Sie ihr gewisse Freiräume, damit sich auch das kleine Fellwesen entfalten kann, denn auch dieses hat seinen eigenen Kopf. Solange das Verhalten nichts und niemanden beeinträchtigt, sollte Ihre Katze dies ausleben dürfen.

Die besten Beschäftigungen

Durch das gemeinsame Spielen mit Ihrer Katze wird diese geistig und körperlich gefordert und ausgelastet. Ferner wird das Selbstvertrauen, die Geschicklichkeit und Aufmerksamkeit gestärkt. Auch auf das Vertrauen Ihrer Katze Ihnen gegenüber wirken sich die gemeinsamen Spieleinheiten positiv aus.

RENN-, SPRING- UND AUFMERKSAMKEITSSPIELE

Um die Beweglichkeit und Fitness Ihrer Katze zu fördern, greifen Sie am besten auf die Ausdauerspiele zurück. Hierbei kann sich Ihre Katze richtig austoben. Wichtig ist, dass Sie vor dem Spielen alle scharfkantigen und spitzen Gegenstände aus der Reichweite Ihrer Katze entfernen.

Für das Spielen an sich können Sie auf die typischen Katzenspielzeuge zurückgreifen. Ein Laserpointer, eine Katzen-Angel oder auch einfach ein zusammengeknülltes Stück Papier, welches Sie an einer Schnur befestigen. Die Katze jagt alles, was sie interessant findet. Sei es das Licht des Laserpointers, das Rascheln des Papiers oder das Abfedern des Anhängers der Katzen-Angel.

Im Umgang mit dem Laserpointer müssen Sie jedoch darauf achten, dass Sie weder mit dem Licht auf Menschen noch der Katze direkt in die Augen zielen. Zielen Sie am besten an freien Wänden entlang und meiden Sie Gegenstände, die kaputtgehen können, beispielsweise Vasen, Spiegel oder Dekorationsartikel.

Mit der Katzen-Angel und dem Papierknäuel können Sie einfach durch Ihre Wohnung laufen. Immer, wenn Ihre Katze das Spielzeug fast erreicht hat, ziehen Sie es wieder ein Stück weiter weg. Damit Ihre Katze jedoch nicht das Interesse verliert, geben Sie ihr hin und wieder ein kleines Erfolgserlebnis und lassen Sie sie das Spielzeug packen.

BESCHÄFTIGUNGS- UND GESCHICKLICHKEITSSPIELE

Um Ihre Katze allein zu beschäftigen und nicht aktiv mit ihr spielen zu müssen, können Sie ihr beispielsweise eine Kugelbahn, auf der sich die Kugeln hin und her bewegen, in der Wohnung aufstellen.

Auch mit einfachen Gummibällen oder kleineren Kuscheltieren können Sie Ihre Katze eine Zeit lang beschäftigen. Wenn Ihre Katze an den Kuscheltieren weniger Interesse zeigt, können Sie diese mit Katzengras einreiben oder einsprühen. Katzengras gibt es naturbelassen, als Spray oder als Tropfen.

INTELLIGENZSPIELE

Das Activity Board oder das Fummel-Brett zählen, was Geschick und Intelligenz angeht, zu den Klassikern. Solche Spielbretter können Sie in verschiedenen Online-Shops und Zoohandlungen bereits für kleinere Beträge erwerben. Bei solchen Spielen muss Ihre Katze entweder den Ball in verschiedene Richtungen rollen, um das Futter herauszubekommen, oder das Futter durch verschiedene Vorrichtungen schieben.

Durch das ständige Scheitern und erneuten Versuchen wird die Intelligenz Ihrer Katze gefordert. Anschließend wird sie mit dem Leckerli für ihre ganze Mühe und Anstrengung belohnt.

Training und Tricks

Zur richtigen Erziehung ist allenfalls zu sagen, dass Sie Ihre Katze nicht bestrafen sollten. Entgegen dem weitverbreiteten Mythos, dass man Katzen mit Hilfe von Wasser richtig erziehen kann, ist genau dies der falsche Weg. Mit dem Hilfsmittelchen Wasser ziehen Sie oftmals nur den Unmut der Katze auf sich. Das Vertrauen der Katze wird davon nicht zu selten angekratzt und verschwindet teilweise sogar gänzlich.

Auch auf Schläge, Kneifen, am Schwanz ziehen, generell Gewalt muss verzichtet werden, denn das ist absolut der falsche Weg. Vielmehr sollten Katzen bei Einhaltung der von Ihnen aufgestellten Regeln, beim erfolgreichen Durchführen von Tricks, wie zum Beispiel „Pfötchen geben" oder bei dem richtigen Verhalten in kritischen Situationen eine Belohnung erhalten. Eine der am besten von Katzen angenommene Art der Belohnung ist das Leckerli. Hier steht es Ihnen frei, ob das Leckerli ein frisches Stück Fisch oder Fleisch oder auch ein Kräcker aus dem Supermarkt ist. Sie sollten vorab ausprobieren, welche kleine Belohnung Ihrer Fellnase am besten schmeckt.

Nachstehend werden Ihnen zwei Arten der Erziehung vorgestellt. Zum einen wird Ihnen das sogenannte „Clickertraining" näher gebracht, welches sich sehr gut dazu eignet, Ihrer Katze Tricks beizubringen und zum anderen die Katzenerziehung mit Hilfe von positiven Reizen, welche sich dazu eignet, Ihrer Katze zu zeigen, dass sie belohnt wird, wenn sie störende Dinge unterlässt. Das Beibringen von Tricks ist grundsätzlich ein wenig anspruchsvoller als das Abgewöhnen von schlechten Gewohnheiten, wie beispielsweise zu kratzen oder zu beißen, weswegen Sie dafür das „Clickertraining" anwenden sollten.

PROBLEME VERSTEHEN UND SCHLECHTE ANGEWOHNHEITEN ABTRAINIEREN

Sie kommen nach Hause, legen Ihre Tasche weg und werden nicht, wie eigentlich täglich, von einer anrennenden und miauenden Katze begrüßt? Auch nach mehreren Rufen Ihrerseits kommt das Fellknäuel nicht auf Sie zu? Möglicherweise versteckt sie sich und möchte nicht gestört werden.

Oftmals haben solche Verhaltensweisen einen einfachen Hintergrund. Katzen sind sehr intelligente Tiere, die versuchen, durch verschiedenes Verhalten mit uns zu kommunizieren.

Wichtig ist es, die Probleme, die Sie mit Ihrer Katze haben, voneinander zu unterscheiden und mögliche Lösungswege einzuschlagen. Denn wie schon gesagt: Oftmals steckt hinter dem Problem ein ganz einfach zu behebender Fehler.

IHRE KATZE FRISST NICHT MEHR?

Sie füttern Ihre Katze morgens, bevor Sie das Haus verlassen, doch wenn Sie am Mittag wieder nach Hause kommen, ist der Napf immer noch voll. Ihre Fellnase hat das Futter nicht einmal ansatzweise berührt. Eine solche Situation ist eigentlich fast jedem Katzenbesitzer bekannt. Hierfür kann es verschiedene Erklärungen geben.

Oftmals wird genau dieses Verhalten provoziert, wenn die Katze ein neues Futter hingestellt bekommt. Wie auch wir Menschen haben Katzen ihren eigenen Geschmack. Wenn sich Ihre Katze erst einmal an ein bestimmtes Futter gewöhnt hat, schmeckt ihr das Neue vielleicht gar nicht. Manche Katzen bevorzugen eine bestimmte Marke, egal, was in dem Futter verarbeitet wurde, Hauptsache, es ist von dieser Marke. Andere Katzen wiederum mögen jedes Gericht jeden Herstellers, solange kein Fisch enthalten ist. Schmecken oder riechen sie nur ein wenig Fisch, lassen sie den Futternapf einfach gefüllt stehen, bis er letztendlich von ihrem Besitzer geleert wird.

Auch Trockenfutter ist nicht bei jeder Katze beliebt. Manche mögen, unabhängig von Marke, Inhaltsstoffen und Geschmacksrichtung, gar kein Trockenfutter. Sie wollen nur ihr Frischfutter und verzichten gern auf den Snack zwischendurch.

Die Ernährung von Katzen ist eine wichtige und umfangreiche Sache, denn Katzen sind dafür bekannt, gerade was ihr Futter angeht, sehr wählerisch zu sein.

Hat sie also zum ersten Mal eine neue Sorte bekommen, kann es sein, dass sie diese nicht möchte. Stellen Sie ihr einfach ihr gewohntes Fressen hin und sehen Sie zu, wie sie nach und nach munter ihren Napf leert.

IHRE KATZE ZERKRATZT IHNEN WÄNDE, REGALE UND SCHRÄNKE?

Sehr vielen Katzenbesitzern ist genau das ein riesengroßer Dorn im Auge. Das Zerkratzen von Wänden, Kommoden, Sofas und generell Möbelstücken. Katzen haben einen sehr ausgeprägten Jagdtrieb, dies ist nicht abzustreiten. Diesem können sie nur nachgehen, wenn ihre Krallen scharf genug sind. Um diese stets scharf zu halten, müssen Katzen ihre Krallen regelmäßig wetzen. In der Natur können die kleinen Tiger ihre Waffen beispielsweise an Bäumen wetzen, weswegen bei der Wohnungshaltung von Katzen die gute Holzkommode dem Ganzen sehr nahekommt. Natürlich ist dies von Ihnen nicht gewünscht. Fragen Sie sich selbst: Haben Sie wirklich genügend Ausweichmöglichkeiten für das Krallenwetzen? Falls Sie bereits einen Kratzbaum haben, welche Ihre Katze jedoch nicht benutzt, so können Sie diesen mit Hilfe von Katzenminze in verschiedenen Formen für die Katze attraktiver machen. Neben dem bekannten Katzenkratzbaum gibt es jedoch noch weitere Objekte, die für das Krallen schärfen optimal sind. So können Sie unabhängig vom Kratzbaum sogenannte Kratzbretter oder Kratzmatten in der Wohnung verteilen. Diese eignen sich auch sehr gut für etwas kleinere Wohnungen, da sie meist nicht so viel Platz wegnehmen.

Auch bei den Kratzbrettern oder Matten gilt: Manchmal bewirkt Katzenminze Wunder, denn diese macht alles gleich viel interessanter.

IHRE KATZE URINIERT ÜBERALL, NUR NICHT IN DER KATZENTOILETTE?

Ebenfalls ein großes Problem stellt das Urinieren und Markieren innerhalb der Wohnung, jedoch außerhalb der Katzentoilette, dar. Eine Pfütze im Schlafzimmer, eine im Wohnzimmer, nach einer Weile wird ein solches Verhalten sehr frustrierend. Auch wenn es Ihnen schwerfällt, schimpfen Sie erst einmal nicht mit Ihrer Katze. Hinterfragen Sie auch hier das Verhalten Ihrer Katze und suchen Sie nach möglichen Ursachen für das Urinieren in der Wohnung. Theoretisch liegt das Markieren in der Natur der Katzen, wobei diese in der Regel lediglich an der frischen Luft markieren, um ein Gebiet abzustecken.

Wie Sie bereits erfahren haben, lieben Katzen Sauberkeit. Sofern die Katzentoilette Ihres Vierbeiners, nicht regelmäßig und ordentlich gereinigt wird, kann es gut sein, dass Ihre Katze aus diesen Gründen streikt und Ihnen mithilfe des Urinierens verdeutlichen will, dass mal wieder eine Reinigung notwendig wäre. Katzen haben bekanntlich einen sehr sensiblen Geruchssinn, weswegen viele Katzen nahezu jeden Tag ihre Toilette gereinigt bekommen möchten.

Andere Gründe für ein solches Fehlverhalten ist die Wahl einer Katzenstreu, welche Ihre Katze einfach nicht mag. Falls Sie also vor Kurzem eine neue Streu ausprobiert haben, greifen Sie entweder auf die vorherige zurück oder probieren Sie noch ein paar andere Katzenstreu aus.

Konnten Sie ein solches Verhalten bisher nur beobachten, wenn Besuch da war? Dann handelt es sich höchstwahrscheinlich um einfache Reviermarkierung. Solche sind äußerst nervenaufreibend, da Sie dagegen leider nicht viel ausrichten können. Sofern die Reviermarkierung nicht nur bei Besuch, sondern auch ohne speziellen Anlass stattfindet, sollten Sie, sofern dies noch nicht gemacht wurde, eine Kastration in Betracht ziehen. In den meisten Fällen hört das Markieren danach auf.

Ein anderer Grund, sowohl für das Urinieren als auch das Markieren, kann Stress sein. Für den Stress einer Katze gibt es unzählige Gründe. Gehen Sie am besten die letzten Wochen Stück für Stück durch und suchen Sie nach Veränderungen, welche Sie getätigt haben. Eine noch so kleine Veränderung, wie zum

Beispiel das Umstellen des Sofas im Wohnzimmer, kann eine Katze unter enormen Stress stellen, womit sie einfach nicht zurechtkommt. Um Ihrer Katze entgegenzukommen, versuchen Sie, wenn es ohne weitere Einschränkungen für Sie möglich ist, die Veränderung wieder rückgängig zu machen. Sollte es für Sie, beispielsweise aufgrund eines Umzuges, nicht möglich sein, die Veränderung so einfach rückgängig zu machen, Ihre Katze das Markieren jedoch auch nach Wochen oder Monaten nicht sein lässt, empfindet sie noch immer großen Stress. Unter diesen Umständen sollten Sie zeitnah einen Tierarzt aufsuchen, dem Sie die Problematik schildern können, um anschließend die benötigte Hilfe zu bekommen.

Haben Sie eine Katze bei sich aufgenommen, welche es noch gar nicht erlernt hat, auf das Katzenklo zu gehen, so ist es Ihre Aufgabe, ihr das anzutrainieren. Zwar sind Katzen sehr saubere Tiere und gehen meist von allein aufs Katzenklo, doch auch wie bei uns Menschen ist jedes Tier ein Individuum und lebt nach seinen ganz eigenen Vorlieben.

Viele Katzenbesitzer nehmen das Kätzchen direkt aus der Transportbox, setzen es ins Katzenklo und zeigen ihm mit Hilfe ihres eigenen Pfötchens, indem sie dieses zum Scharren benutzen, dass sie in der Katzentoilette ihr Geschäft verrichten und anschließend verbuddeln können. Viele Katzen begreifen diesen Sinn sofort, bei anderen dauert das Ganze ein wenig länger. Wie mit allem anderen auch benötigen Sie hier Geduld und Ausdauer.

IHRE KATZE BEIßT UND KRATZT?

Es gibt viele Möglichkeiten, warum eine Katze plötzlich kratzt oder zubeißt. Katzen sind Jäger, die Kampfausstattung, in Form von Zähnen und Krallen, ist in freier Natur überlebensnotwendig. Da Katzen bekanntlich stets darauf achten, dass ihre Krallen jederzeit einsatzbereit sind, kann es durchaus auch beim Spielen zu leichten Verletzungen an Ihrer Hand oder an Ihrem Arm kommen. Solange sie diese kleinen Kratzer direkt behandeln und ihre Katze regelmäßig den Tierarzt besucht, sollte hier nichts Schlimmeres zu erwarten sein. Problematisch wird es erst, wenn eine Katze richtig zubeißt. In einem solchen Fall sollten Sie umgehend einen Arzt aufsuchen, denn auch der Biss einer kleineren Katze kann gefährlich sein.

Bei dem Kratzen Ihrer Katze ist zu unterscheiden, ob dies beim Spielen, aufgrund von Provokationen oder komplett ohne Zusammenhang und einfach aus dem Nichts heraus stattfindet.

Sollten Sie seit mehreren Minuten mit Ihrem kleinen Tiger am Spielen sein, sind, wie schon gesagt, kleinere Verletzungen völlig normal. Auch wenn manche Katzen von sich aus darauf achten, sehr sanft mit Ihnen zu spielen, sind andere ein wenig aufgeweckter und energiegeladener. Diese können ihre Kraft nicht immer so gut abschätzen, eine absichtliche Verletzung ihres Lieblingsmenschen war jedoch wohl kaum der Plan. Über diese Kratzer sollten Sie also, wenn Sie ihnen nicht mit Hilfe von Schutzhandschuhen aus dem Weg gehen, hinwegsehen.

Wildes Wedeln mit dem Schwanz, verengte Augen und Knurren: Diese Zeichen deuten auf eine äußerst genervte, wenn nicht sogar aggressive Katze hin. Genau in solchen Momenten sollten Sie Ihren Vierbeiner in Ruhe lassen, denn gerade dann ist dieser kampfbereit. Kleine Provokationen, wie ungewolltes Streicheln oder Antippen der Katze, können dann das Fass zum Überlaufen bringen und Ihre

Katze auf Sie losgehen lassen. Um diese Situation erst gar nicht bis zum Ende durchspielen zu müssen, provozieren Sie Ihre Katze nicht, sondern geben Sie ihr Ruhe, um sich wieder ein wenig zu beruhigen.

Findet jedoch keine ähnliche Situation statt und Ihre Katze kratzt und beißt Sie öfter ohne jeglichen Grund, ziehen Sie Konsequenzen, in dem Sie ihr etwas lauter "Nein" sagen und den Raum verlassen. Mit dieser Reaktion verdeutlichen Sie Ihrer Katze, dass sie sich so nicht verhalten darf.

Findet Ihre Fellnase jedoch einfach nicht mehr zur Ruhe, attackiert Sie noch immer, kann dieses Verhalten ganz andere Ursachen haben als stumpfe Aggression. Möglicherweise ist Ihre Katze krank, hat Schmerzen und weiß sich anders nicht mehr zu helfen. Gehen Sie mit Ihrer Katze zu dem Tierarzt Ihres Vertrauens und lassen Sie diese von Kopf bis Schwanz durchchecken. Vielleicht hat sie auch eine Verletzung, welche Sie bisher übersehen haben.

IHRE KATZE GREIFT IHRE FÜßE AN?

Gerade Babykatzen, die noch sehr verspielt sind, machen das ganz gern. Während Sie gemütlich, vielleicht auch schon schlafend, in Ihrer Decke eingekuschelt sind, spüren Sie plötzlich, wie das Fellknäuel Ihre Füße, welche unter der Decke sind, angreift. Für Katzen gilt: Was sich wie Beute verhält, ist Beute.

So auch Ihre Füße, die nachts immer mal wieder etwas wackeln und zucken. Versuchen Sie, indem Sie Ihre Katze mit einem bestimmenden "Nein" von Ihren Füßen wegholen, dieser klarzumachen, dass Ihre Füße keine Beute und schon gar kein Angriffsziel darstellen. Haben Sie trotz mehrerer dieser Prozeduren noch immer keine Ruhe beim Schlafen, so müssen Sie der Katze Bettverbot erteilen. Herrscht auch danach kein Frieden zwischen Ihrer Katze und Ihren Füßen, muss sie zukünftig leider beim Schlafen Ihr Schlafzimmer verlassen.

Hier gilt: Konsequent bleiben. Katzen merken sich ihre Erfolgserlebnisse. Sollten Sie also Ihre Katze über mehrere Wochen schon nicht mehr in Ihr Schlafzimmer lassen und geben einmal auf, beispielsweise weil Sie das ständige Miauen oder

Kratzen vor Ihrer Schlafzimmertür nicht mehr aushalten, wird das Abgewöhnen des Betretens Ihres Schlafzimmers zu Ihren Ruhezeiten nur noch schwerer, denn die Fellnase hat mit ihrem aufdringlichen Verhalten bereits einmal bekommen, was sie wollte. Greifen Sie lieber auf Kopfhörer oder leise Radiogeräusche zurück, um das Miauen und Kratzen Ihrer Katze besser ignorieren zu können.

Falls Sie grundsätzlich, auch ohne Angriff auf Ihre Füße, eine Katze – und das ist auch keinesfalls verwerflich – in Ihrem Bett vermeiden möchten, sollten Sie Ihre Katze frühzeitig an das Schlafen in ihrem eigenen Bett in Form eines Korbs, Kissens oder Katzennests gewöhnen. Machen Sie auch hier keine Ausnahmen und lassen Sie das Fellknäuel erst gar nicht in Ihrem Bett schlafen, denn hatte sie einmal das Privileg, wird sie es auch zukünftig einfordern und dann wird, wie oben schon genannt, das Abgewöhnen um einiges länger dauern und nervenaufreibender sein.

Stellen Sie den Korb am besten neben Ihr Sofa. Von dort aus können Sie Ihrer Katze mit kleinen Streicheleinheiten ein Gefühl von Sicherheit geben und ihr verständlich machen, dass sie nicht allein ist.

Auch wenn Ihr Schmuse-Tiger während des Fernsehens bei Ihnen auf dem Schoß einschläft, warten Sie, bis er tief genug schläft und legen Sie ihn anschließend behutsam in sein Bett. Grundsätzlich ist zu sagen, dass Ihre Katze nicht jedes Mal in ihrem Körbchen oder auf ihrem Kissen schlafen wird. So ein Verhalten ist von einer Katze auch nicht zu erwarten. Viel lieber sucht sie sich zwischenzeitlich ein paar Alternativen in einer Kiste oder ganz oben auf Ihrem Regal. Wichtig ist nur, dass Ihr Bett nach wie vor nicht zu einer dieser Alternativen zählt.

IHRE KATZE BENUTZT DIE KATZENKLAPPE NICHT?

Katzenklappen machen sowohl in Häusern als auch in Wohnungen Sinn. Haben Sie einen Freigänger, so ist das eigenständige Verlassen des Hauses oder der Wohnung, in dem Sie die Katzenklappe an der Haus- oder Gartentür anbringen, naheliegend. Aber auch, wenn das Katzenklo im Badezimmer seinen Platz gefunden hat, so ist es sinnvoll, auf eine Katzenklappe für das Badezimmer zurückzugreifen, da Sie dann nicht immer die Tür aufstehen lassen müssen.

Ebenfalls kann Ihre Katze notfalls auch, wenn gerade jemand duschen sollte, ihr Katzenklo benutzen.

Viele Kätzchen benutzen die Klappe aufgrund ihrer Neugier bereits ohne irgendwelche Übungen oder Vorführungen. Wenn Ihre Katze dies jedoch nicht tut, können Sie ihr den Umgang mit der Katzenklappe sehr leicht und im Normalfall auch ziemlich schnell beibringen.

Klappen Sie zu Beginn des Lernprozesses die Klappe durchgängig hoch und halten Sie Ihrer Katze auf der gegenüberliegenden Seite ein Leckerli oder Spielzeug hin. Das sollte als Anreiz für Ihren Vierbeiner schon genügen. Nach einer Weile wiederholen Sie den Prozess, lassen Sie dann jedoch die Klappe los, damit sich Ihre Katze auch an den eigentlichen Zustand der Katzenklappe gewöhnt. Belohnen Sie Ihre Katze nur hin und wieder und nicht jedes Mal, wenn Sie den Durchgang benutzt, da das clevere Tier sonst auch in Zukunft für jedes Durchgehen eine solche Belohnung möchte.

IHRE KATZE BETTELT UND SPRINGT AUF DEN TISCH?

Katzen, die Ihre Grenzen austesten wollen, bleiben meist bei dem Versuch, sich etwas von Ihrem Teller zu stehlen, hängen. Für viele Katzenbesitzer wurde dann letztendlich die Grenze überschritten. Bevor Sie, wie viele falsch informierte, andere Katzenbesitzer auf Wasser zurückgreifen oder Ihre Katze einfach vom Tisch schieben, nehmen Sie Ihre Katze, wie zuvor auch schon, mit einem scharfen "Nein" hoch und setzen Sie das Fellwesen anschließend wieder auf den Boden.

Auch, wenn Sie diesen Vorgang immer und immer wiederholen müssen, ist das die effektivste Methode, um Ihrer Katze dieses Verhalten abzugewöhnen. Nach einer Weile wird ihr die Lust daran vergehen, immer wieder auf den Boden gesetzt zu werden. Eine weitere Möglichkeit ist, dass Sie Ihrer Katze zeitgleich Futter servieren. Auch dann sollte Ihre Katze Sie und Ihr Essen eigentlich in Ruhe lassen.

Schwach zu werden ist auch hier keine Option. Aufgrund Ihres Gedächtnisses wissen Katzen, sofern Sie einmal etwas vom Tisch bekommen haben, was sie tun müssen, hier beispielsweise betteln, um ihren Wunsch erfüllt zu bekommen. Erziehen Sie auch Ihren Besuch dementsprechend, Ihrer Katze nichts vom Tisch zu geben, sei sie beim Betteln auch noch so niedlich. Gerade Kinder umgehen diese Bitte aufgrund von Mitgefühl schnell, weswegen hier besonders erhöhte Vorsicht und Beobachtung gilt.

IHRE KATZE HAT ANGST VOR DER TRANSPORTBOX?

Dass die Katzentransportbox zu Angst bei Katzen führen kann und diese die unheimliche, dunkle Box gern meiden, wissen Sie bereits. Auch der Aspekt, dass die Fellnasen damit keine guten Erinnerungen verbinden, ist Ihnen bekannt. Leider werden diese Transportboxen auch erst ins Leben gerufen, wenn ein unschöner Ausflug bevorsteht. Wenn Ihre Katze sich nie richtig an diese Box, die sowieso schon nichts Schönes bedeutet, gewöhnen konnte, ist eine regelrechte Flucht des Vierbeiners, um der Box zu entkommen, völlig verständlich.

Nehmen Sie die Transportbox nicht erst bei Bedarf aus dem Keller. Stellen Sie diese viel lieber irgendwo in Ihrer Wohnung auf. Dabei können Sie vorn die Klappe geöffnet lassen und beispielsweise eine Kuscheldecke und ein paar Spielzeuge Ihrer Katze darin aufbewahren. Selbst wenn Ihre Katze der Transportbox, welche in der Wohnung steht, keine große Beachtung schenkt, so riecht diese im Fall der Fälle wenigstens nicht nach einem fremden Keller oder Abstellraum, sondern nach der gewohnten Umgebung, was Ihrer Katze ein ganz anderes Gefühl während des Transports gibt.

Um das Kätzchen richtig daran zu gewöhnen, legen Sie Leckerlis in die Box und warten Sie, bis Ihre Katze von allein hineingeht. Schließen Sie dann die Klappe und lassen Sie diese, sofern Ihre Katze nicht nervös und unruhig wird, für ein paar Sekunden geschlossen. Steigern Sie von Mal zu Mal die Dauer des geschlossenen Zustandes. So merkt Ihre Katze, dass sie immer wieder befreit wird und nicht für immer in der Box bleibt.

Ermöglichen Sie es, hin und wieder mit Ihrer Katze in der Transportbox spazieren zu gehen, so gewöhnt sie sich immer mehr an den Transport, ohne direkt einem Tierarzt gegenüberzustehen. Je weniger Stress für die Katze, desto besser. Achten Sie stets darauf, dass Sie auch nach einem solchen Ausflug Ihre Katze direkt belohnen, indem sie gefüttert wird oder ein Leckerli bekommt.

Sollte nach diesem Training der erste Tierarztbesuch anstehen, wird es Ihrem Kätzchen bei Weitem nicht mehr so schwerfallen, in der Transportbox zu sein. Natürlich wird die Box nach dem Besuch erst einmal wieder gemieden. Da Ihr Stubentiger jedoch auch positive Erinnerungen an die Box hat, wird dieser spätestens nach ein paar Tagen noch einmal hereinschauen, um zu sehen, ob dort mal wieder ein Leckerli auf ihn wartet.

IHRE KATZE BRINGT IHNEN TOTE MÄUSE, VÖGEL ODER SOGAR BLÄTTER?

Obwohl Katzen vor ca. 10.000 Jahren domestiziert, dies heißt nichts anderes als gezähmt, wurden, ist der Jagdtrieb der Katzen, welche man in der heutigen Zeit zu Hause hält, nach wie vor sehr stark ausgeprägt. Das bedeutet aber nicht automatisch etwas Schlechtes. Katzen tragen ihren eigenen kleinen Beitrag zur Schädlingsbekämpfung bei. Sei es die Maus im Haus oder Garten oder die Spinne in der Zimmerecke. Vor der Katze und ihren scharfen Sinnen gibt es kein Entrinnen.

Auch wenn es nicht unbedingt angenehm ist, wenn Ihr Kuschelkamerad Ihnen mitten in der Nacht eine tote Maus oder einen halb toten Vogel an das Fußende Ihres Bettes bringt, so ist dies eigentlich eine äußerst nette Geste Ihrer Katze.

Katzen sind einfach zum Jagen geboren. Natürlich wissen Hauskatzen, dass Sie zu Hause Futter bekommen und zum Überleben nicht auf Jagt gehen müssen, dennoch können sie dem Drang danach einfach nicht widerstehen.

Die Katze bringt Ihnen ihre Beute, um den Fang zum späteren Verzehr, also quasi als Vorrat, als Lehrmittel, um Ihnen zu zeigen, was Sie bekommen, wenn Sie sich genug anstrengen und jagen gehen oder auch einfach als Geschenk. Neben den typischen Dingen wie Mäusen oder Vögeln kann auch bei den ganz lustigen Kameraden ein Blatt oder gar Müll dabei sein, denn wie bereits erwähnt: Was eine Katze als Beute ansieht, wird auch so behandelt.

Da also kein böser Gedanke hinter der kleinen Aufmerksamkeit steckt, schimpfen Sie nicht mit dem

Tier, denn das verwirrt es nur. Entsorgen Sie das kleine Mitbringsel, sobald Ihre Katze nicht in Reichweite ist, um Enttäuschungen und Unverständnis zu vermeiden.

Schlussendlich ist zum Abgewöhnen von unschönem Verhalten und zur Gewöhnung an Dinge, wie zum Beispiel der Transportbox, zu sagen, dass Sie genügend Ruhe und Geduld mitbringen sollten. Einige Katzen verstehen schneller, andere etwas langsamer. Arbeiten Sie stets mit positiven Reizen, auch bei kleinen Erfolgen. Greifen Sie hierfür auf Leckerlis, eine liebevolle Stimme und kurze Streicheleinheiten zurück. Verdeutlichen Sie Ihrer Katze, dass sie gerade alles richtig gemacht hat. Dies gilt auch, wenn Sie etwas Negatives sein lässt. Belohnen Sie Ihre Katze und Sie werden sehen, dass das clevere Tier in Zukunft sein Verhalten anpasst, denn wer kann schon einem Leckerli, einem verdienten Lob und liebevollem Streicheln widerstehen?

TRICKS BEIBRINGEN MIT DEM CLICKERTRAINING

Falls Sie Ihrer Katze bestimmte Tricks beibringen und ihre geistigen Fähigkeiten fördern möchten, dann sollten Sie auf das sogenannte „Clickertraining" zurückgreifen.

Vor wenigen Jahren noch galt das Clickertraining als eine neumodische Methode, Hunden oder sogar Delfinen Tricks und Kunststücke beizubringen. Katzen und ihre Besitzer nahmen lange Zeit davon Abstand, gerade weil nicht davon ausgegangen wurde, dass man mit solch einem Prozedere irgendetwas bei Katzen ausrichten könne.

Beim sogenannten „Klickern" gilt, wie bereits zuvor erwähnt, nicht mit Bestrafungen zu arbeiten, sondern mit Belohnungen. Ihre Katze lernt also schnell und einfach, wann sie etwas richtig bzw. gut gemacht hat. Durch die Kombination des akustischen Signals mit dem Clicker und dem Lob durch das Leckerli wird Ihrer Katze bereits nach wenigen Tagen bewusst, was sie für die kleine Belohnung tun muss.

Hierfür benötigt wird lediglich ein Clicker für das akustische Signal, sowie die Lieblingsleckerlis Ihres Vierbeiners.

Wichtig beim Klickern ist das Timing. Das Signal durch den Clicker sowie das Lob durch das Leckerli sollten direkt, sprich zeitnah, hintereinander passieren, sodass die Katze auch den Zusammenhang versteht.

Bevor Sie mit dem eigentlichen Beibringen von Tricks beginnen, müssen Sie sicher gehen, dass Ihre Katze das ganze System des Clickerns verstanden hat. Dies tun Sie am besten mit leichten Übungen.

Anschließend kann das richtige Trainieren beginnen.

Einige Übungen, wie zum Beispiel Pfötchen geben, sind etwas leichter im Vergleich zu einem "High Five". Die Tricks, die etwas leichter sind, bieten sich also super zum Beginnen an.

Bezüglich der zu erlernenden Tricks sind Ihnen und Ihrer Fantasie keine Grenzen gesetzt. Solange weder Sie noch Ihre Katze gefährdet sind oder gar zu Schaden kommen, können Sie beide sich beliebig austoben.

Falls Sie Ihrer Katze Tricks mit "Codeworten", wie etwa "Sitz", "Platz" oder "Spring", beibringen möchte, so empfiehlt sich, diese erst einmal mit dem Clickern beizubringen. Ihre Katze sollte diesen Prozess erst einmal komplett beherrschen, bevor sie sich auf etwas Neues konzentriert. So beugen Sie unnötiger Verwirrung und einem verlangsamten Lernprozess bei Ihrer Katze vor.

Abschließend ist festzuhalten, dass Sie, wie bei vielen erzieherischen Aspekten, sei es bei Katzen, Tieren generell oder auch bei Kindern, viel Geduld und Ruhe mitbringen sollten. Ihre Katze wird Ihnen nicht von heute auf morgen auf "Kommando", oder in diesem Fall auf "Clickern", ein "High Five" geben, denn auch bei dieser Methode braucht Ihre Katze ein wenig Zeit, um alles zu verstehen und zu befolgen.

WAS SIE MIT DEM CLICKER NICHT TUN SOLLTEN

Auch wenn es verlockend ist, Sie sollten den Clicker nur in Verbindung mit dem Erlernen von Tricks oder Ähnlichem verwenden, nicht zu der Beschäftigung oder gar zum Spielen mit dem Tier, denn dies wird zur

Folge haben, dass die Trainingsart ihren Sinn und ihre Wirkung verliert. Das Gerät sollte weder als Rufinstrument fungieren, noch ist es dafür gedacht, Ihrem Vierbeiner ein unerwünschtes Verhalten abzutrainieren.

Ein angenehmes Zusammenleben

Hinter dem einfachen Wort Katzenerziehung steckt also viel mehr als erwartet. Um ein liebevolles und harmonischen Zusammenleben zwischen Tier und Mensch zu erreichen, benötigen Sie als Tierhalter viel Geduld und vor allem Zeit. Rom wurde nicht an einem Tag erbaut und das Vertrauen zwischen Ihnen und Ihrer Katze ebenfalls nicht. Geben Sie nicht nach ein oder zwei, vielleicht auch fünf gescheiterten Versuchen, Ihre Katze nach Ihren Wünschen zu erziehen, auf. Versuchen Sie es immer wieder, denn Übung macht bekanntlich den Meister. Wenn Ihre Katze Ihre Versuche ablehnt, versuchen Sie, sich in ihre Lage zu versetzen, die Welt aus ihren Augen zu sehen und Verständnis aufzubringen. Nur so wird es Ihnen möglich sein, die Dinge am richtigen Ende anzupacken und allen Problemen auf den Grund zu gehen. Nur so werden Sie es schaffen, die gemeinsamen Ziele von Ihnen und Ihrer Katze zu erreichen und auch zukünftig in einem liebevollen und herzlichen Verhältnis zueinander zu stehen. Katzen sind Tiere, ja, aber auch Tiere werden zu Familienmitgliedern, um die man sich sorgt, die man liebt und die man auf gar keinen Fall mehr missen möchte. Diese Lebewesen haben, wie wir auch, nur ein Leben, welches sie im Optimalfall durchgehend an unserer Seite verbringen. Und genau das sollten wir Ihnen doch so schön wie möglich gestalten.

Herstellung und Verlag:
BoD – Books on Demand, Norderstedt
ISBN: 9783751952972

1. Auflage
Kontakt: Psiana eCom UG/ Berumer Str. 44/ 26844 Jemgum
Covergestaltung: Fenna Larsson
Coverfoto: depositphotos.com

FSC
www.fsc.org

MIX

Papier aus ver-
antwortungsvollen
Quellen
Paper from
responsible sources

FSC® C105338